# CHAMBRE DE COMMERCE D'ALGER

(Séance du 22 Mars 1911)

# INÉGALITÉ

### DES

# CHARGES FISCALES

## EN ALGÉRIE

## IMPOT SUR LA PROPRIÉTÉ NON BATIE

# RAPPORT

## de la Commission spéciale

ALGER

IMPRIMERIE ORIENTALE FONTANA FRÈRES & Cie

3, RUE PELISSIER, 3

1911

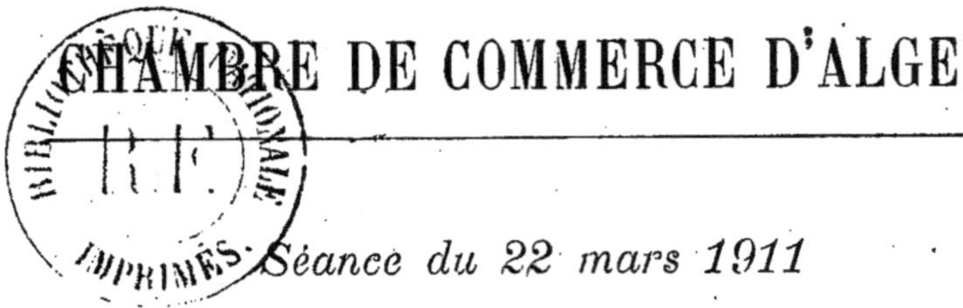

# CHAMBRE DE COMMERCE D'ALGER



Présidence de M. Louis BILLIARD, *Président.*

## INÉGALITÉ
## DES CHARGES FISCALES EN ALGÉRIE

### IMPOT SUR LA PROPRIÉTÉ NON BATIE

RAPPORT
*de la Commission spéciale.*

Messieurs,

La Commission spéciale que vous avez instituée en vue de rechercher de quelle façon les charges fiscales qui, en Algérie, pèsent lourdement sur le Commerce, pourraient être plus équitablement réparties, notamment au moyen d'un impôt faisant participer à ces charges la propriété non bâtie, vient vous soumettre le résultat de ses délibérations.

Elle ne pensait pas, en abordant cette étude, que sa tâche serait aussi facilitée qu'elle l'a été par les travaux antérieurs auxquels se sont livrées sur la question d'éminentes personnalités, tout particulièrement qualifiées pour la solutionner.

En 1883, en effet — il y aura bientôt trente ans — les Pouvoirs publics s'étaient déjà préoccupés d'imposer, au profit des départements et des communes, les terres alors exemptes de toute contribution, et M. le Gouverneur Général Tirman, en conformité d'un vœu émis par le Conseil supérieur de Gouvernement au cours de sa session de novembre 1882, instituait une Commission spéciale pour élaborer un projet de loi en vue de l'application d'une taxe foncière sur les propriétés non bâties possédées dans la Colonie par les Européens.

Cette Commission était ainsi composée :

MM. Hamot, inspecteur général des Finances, *Président*.
Bourlier et Robe, conseillers géné-  
    raux,  
Honnoré, trésorier-payeur de la pro-  
    vince d'Alger,  
Perrioud, directeur de l'Enregistre-  
    ment et des Domaines, à Alger,     *Membres*.  
Couderc, de Bouvier de Cachard et  
    Mangin, directeurs des Contribu-  
    tions directes,  
Turlin, chef de bureau au Gouver-  
    nement général,  
  et Julia, contrôleur principal des  
    Contributions directes,       *Secrétaire*.

Avant d'analyser brièvement les travaux de cette Commission, il importe d'indiquer que dès 1864, sous l'Empire, le Gouvernement avait songé à établir en Algérie l'impôt foncier, ainsi que le montre la décision impériale publiée en annexe de ce rapport (1).

La Commission spéciale de 1883 reconnut tout d'abord que la situation financière des départements et des communes justifiait la recherche de ressources nouvelles permettant d'alimenter leur budget et de faire face aux dépenses nécessitées par le développement de la colonisation.

Au cours de la discussion qui eut lieu à ce sujet, M. Perrioud, après avoir rappelé qu'en avril 1883, le Conseil général d'Alger avait adopté un rapport de M. Alphandéry concluant à permettre aux départements d'imposer des centimes additionnels au principal fictif de l'impôt foncier, disait :

« . . . . . . . . . . . . . . . . . . . . . . . . . . . . .
« Tout le monde en Algérie s'accorde donc à reconnaître
« la nécessité de créer une taxe foncière au profit des dépar-
« tements, et si l'absence du cadastre a arrêté jusqu'à ce
« jour l'établissement d'une contribution territoriale, il appar-
« tient à la Commission de rechercher un système que l'on
« puisse appliquer au plus vite et à peu de frais, sans atten-
« dre la confection des plans parcellaires.
« Ce résultat ayant déjà été obtenu pour les constructions,
« je ne doute pas que la Commission ne réussisse à trouver
« le moyen d'atteindre rapidement la propriété non bâtie ;
« on pourrait alors faire cesser toute différence de traitement

---

(1) Voir page 17.

« entre les deux grandes catégories de la propriété immo-
« bilière : les fonds de terre et les constructions.
  « En ce qui me concerne, je crois pouvoir affirmer que
« la propriété non bâtie peut parfaitement supporter une
« taxe foncière... »
«            .   .   .   .   .   .   .   .   .   .   .   .   .   .   .

Et M. Bourlier, en sa double qualité de conseiller général et de propriétaire foncier, représentant ainsi dans
la Commission, comme il le disait, la partie la plus inté-
ressée à la question, faisait connaître son opinion en
ces termes :

«            .   .   .   .   .   .   .   .   .   .   .   .   .   .   .

  « ...Dès l'année 1866, le Conseil général reconnaissait
« que son action ne serait réellement effective que le jour où
« la propriété serait frappée à son profit et c'est depuis cette
« époque également que, désirant disposer librement de res-
« sources propres au Département, elle a demandé l'éta-
« blissement d'un impôt territorial, sous la réserve expresse
« que le principal serait fictif.
  « ...Dans la dernière session du Conseil supérieur, tous
« les Conseillers généraux délégués ont demandé que les pro-
« priétés rurales possédées par les citoyens français et les
« étrangers fussent frappées, dans le plus bref délai possi-
« ble, d'une taxe foncière de superficie au profit des dépar-
« tements et des communes.
  « Donc, si les Conseils électifs se préoccupent depuis
« longtemps de la question de l'impôt foncier, ils sont au-
« jourd'hui unanimes à reconnaître que l'établissement d'une
« taxe départementale et communale est nécessaire.
  « Comme propriétaire, je ne crains pas d'ajouter qu'établie
« d'une façon légère et ferme pour une durée assez longue,
« la taxe territoriale sera acceptée sans soulever de sérieuses
« réclamations. Certes, je ne prétends pas affirmer qu'il
« ne s'en produira aucune, car la propriété de fraîche date
« répugne parfois à accepter la moindre charge ; mais c'est
« là un inconvénient inévitable, qui sera sensiblement atténué
« par le seul fait que l'impôt sera destiné à faire face à des
« besoins locaux.

.   .   .   .   .   .   .   .   .   .   .   .   .   .   .   .   .   .   .

  « Je suis convaincu que si on faisait une enquête dans les
« communes, tous ou presque tous les Conseils municipaux
« se prononceraient en faveur d'une taxe départementale et
« communale fixe et écarteraient, en même temps, toutes
« les causes de diminution de recettes. »

.   .   .   .   .   .   .   .   .   .   .   .   .   .   .   .   .   .   .

Et nous voyons ensuite que la Commission reconnut,
à l'unanimité, que le moment était venu de frapper d'une
taxe foncière, au profit des départements et des communes, les fonds de terre qui sont entre les mains des
citoyens français et des étrangers.
Continuant ses travaux, la Commission examina de
quelle façon devait être établi le nouvel impôt.
Elle décida en premier lieu que la taxe serait exclu-

sivement perçue au profit des départements et des communes en centimes additionnels calculés, dans les limites fixées par les lois de finances de la Métropole, sur un **principal fictif** non susceptible d'être perçu par l'Etat. Les terres étaient réparties en quatre classes à chacune desquelles correspondait un tarif unique. Ces classes étaient les suivantes :

*1re classe :* Vignes, orangeries, jardins et vergers, terrains maraîchers et d'agrément, emplacements industriels ;

*2e classe :* Terrains irrigués, olivettes et autres terrains plantés d'arbres fruitiers, prairies, cultures industrielles permanentes ;

*3e classe :* Terres labourables, chemins de fer et canaux ;

*4e classe :* Pâtures, palmiers nains, landes et friches, terres vaines et vagues, marais, broussailles, bois et autres terrains.

La taxe par hectare était ainsi fixée :

| | | |
|---|---|---|
| 1re classe. | fr. | 6 » |
| 2e — | | 2 » |
| 3e — | | 1 » |
| 4e — | | 0 15 |

étant bien entendu qu'il ne s'agissait que d'un *principal fictif*, qui devait permettre aux départements et aux communes d'imposer des centimes additionnels destinés à faire face à leurs besoins.

Le mécanisme des centimes additionnels avait justement pour but de permettre aux Conseils généraux et municipaux de réduire sensiblement la taxe, s'ils la trouvaient exagérée, en diminuant le taux des centimes frappés à leur profit.

La Commission étudia ensuite de quelle façon on établirait le nombre d'hectares de chaque classe appartenant aux propriétaires fonciers.

Après une discussion très approfondie, elle reconnut que l'établissement du cadastre n'était nullement nécessaire et elle adopta une série de dispositions au moyen desquelles il devait y être suppléé. Les formalités demandées à chaque contribuable consistaient seulement dans une déclaration renouvelée tous les cinq ans à la Mairie — sauf le cas de mutation de propriété — et faisant connaître la contenance des terres lui appartenant et leur subdivision par nature de culture. Ces déclarations, inscrites dans leur ordre numérique sur un registre constituant réellement le livre terrier de la commune, devaient être contrôlées par une Commission de répartiteurs, composée de trois membres au moins, non compris le maire et l'adjoint, et tous les cinq ans, on aurait procédé à la revision de ce travail.

Les travaux de la Commission spéciale et le projet de loi qu'elle avait élaboré (1) amenèrent M. l'Inspecteur général des Finances Hamot, président de la dite Commission, à présenter sur la question, au Conseil supérieur de Gouvernement, un rapport qui fut discuté dans la séance du 7 février 1884 de cette Assemblée, présidée par M. le Gouverneur Général Tirman et dont le secrétaire était M. Jonnart.

Le dépôt d'un premier amendement présenté sur l'article 5 du projet de loi par M. Fauqueux, au nom du Conseil général d'Oran, fut le point de départ d'une longue discussion qui décida le Conseil de Gouvernement à renvoyer la question à une Sous-Commission dont les membres furent désignés séance tenante et qui fut spécialement chargée d'indiquer les bases principales du projet de loi définitif. Cette Sous-Commission fonctionna immédiatement et, le 13 février 1884, le Conseil supérieur prit connaissance du rapport par lequel elle concluait à l'adoption d'une taxe départementale de superficie, en même temps qu'elle présentait des propositions définitives qui furent mises aux voix et successivement adoptées par le Conseil supérieur.

Le projet de loi fut ensuite transmis à Paris et, en séance du 6 décembre 1884 du Conseil supérieur, le Gouverneur Général, répondant à une question de M. Fauqueux, déclarait que le Gouvernement n'avait pas adopté le projet de taxe foncière départementale parce qu'il « *ne pouvait y avoir pour les propriétés non bâties une organisation différente de celle appliquée aux propriétés bâties.* »

*<br>**

Votre Commission a pensé, Messieurs, qu'il était d'autant plus utile de faire l'historique des travaux de 1883, que la question de l'imposition de la propriété non bâtie nous revient aujourd'hui à peu près dans les mêmes conditions qu'elle se posait à nos devanciers, avec cette différence toutefois que ceux qui, à cette époque, acceptaient la réforme, la rejettent maintenant.

Vous avez pu voir en effet, par ce qui précède, que cet impôt était alors universellement accepté en Algérie

---

(1) Voir page 19.

et que l'échec du projet présenté à l'approbation du Pouvoir central, fut uniquement dû à l'opposition qu'il rencontra de la part de celui-ci. A cette époque, il est vrai, notre régime fiscal n'était pas ce qu'il est maintenant, l'Algérie n'avait pas son autonomie financière ni son budget spécial, et il n'est pas douteux que si ce dernier eût existé, le Gouvernement n'eût pu refuser l'application de l'impôt que *les Algériens eux-mêmes demandaient.*

Il convient cependant de signaler combien est imprécis le motif allégué par le Pouvoir central pour refuser la taxation de la propriété non bâtie.

*<br>**

Les choses en étaient là, lorsque l'an dernier, au Congrès interdépartemental algérien, la question fut reprise à l'instigation de M. Chevalier, qui vint justement se plaindre, au nom du Commerce, de l'inégalité des charges qui pèsent sur les contribuables.

Le même sujet fut traité par M. Eugène de Redon au Conseil général d'Alger et dans des réunions publiques où il préconisa la taxation de la propriété non bâtie, comme on l'avait projeté en 1883, et l'on assista, dès cet instant, à une levée en masse des adversaires de cette thèse.

Que s'est-il donc passé depuis 1883 ?

Les charges publiques ont-elles diminué ? Les besoins des départements et des communes sont-ils moindres ? La propriété a-t-elle perdu de sa valeur ? L'inégalité choquante des charges qui pèsent, d'une part, sur le commerce et la propriété bâtie, et d'autre part, sur la propriété non bâtie, n'existe-t-elle plus ?

C'est ce que nous allons examiner.

Les charges publiques, loin de diminuer, ont sensiblement augmenté, et les Maires de l'Algérie, réunis en congrès, l'ont constamment reconnu, en déclarant que leurs communes manquent totalement de ressources.

Il en est de même pour les départements qui ne peuvent faire face aux dépenses qui leur incombent du fait de l'extension des voies de communication.

Les Délégations financières se sont émues de cette situation au cours de leur dernière session, et elles proposèrent d'y remédier en demandant à l'octroi de mer les ressources qui font défaut. C'est ainsi qu'elles préconisèrent le relèvement des taxes d'octroi de mer qui

frappent déjà certains produits de consommation et la
création de taxes nouvelles sur un produit fabriqué :
les tissus de coton. On sait quel retentissant échec subit
cette dernière proposition, nettement anti-économique,
qui suscita de vigoureuses protestations de la part des
industriels de la Métropole et des négociants algériens,
menacés de se voir fermer les débouchés que leurs la-
borieux efforts leur avaient assurés au Maroc et en Tu-
nisie, sans parler du trouble qui aurait été jeté dans
le commerce intérieur de la Colonie.

Tout le monde s'accorde cependant à reconnaître qu'il
faut des ressources nouvelles : il en faut aux départements pour payer, entretenir et développer leurs voies
de communication ; il en faut aux communes pour subvenir aux dépenses d'assistance et d'instruction publiques, et faire face à leurs autres obligations.

Or, le Commerce et la Propriété bâtie déclarent qu'il
leur est impossible d'accepter des charges nouvelles,
qu'ils sont seuls à supporter les impôts existants et que
le moment est venu pour eux d'en demander une répartition plus équitable.

A ceux qui en douteraient, nous conseillerons de pren-
dre connaissance des substantiels rapports que MM. Demontès et Chertier ont présentés au Congrès interdépartemental de 1910 et qui ont pour titre : « *Les Centimes
additionnels départementaux* » et « *Etude sur l'impôt de
la patente en Algérie* ». Nous sommes persuadés que la
lecture de ces documents, qui s'appuient sur des chiffres et des données précises, les amènera à reconnaître
que le Commerce supporte en effet actuellement le maximum des charges qui peuvent lui être imposées.

Dans son rapport, M. Demontès s'est surtout attaché
à faire ressortir combien il est injuste que le Conseil
général fasse supporter aux populations urbaines tout
le poids des dépenses occasionnées par le développement des chemins de fer sur routes. Il a également
rappelé que, dès 1905, le *Conseil d'Etat*, saisi du projet
d'emprunt pour le second réseau de chemins de fer départementaux, n'a pas manqué de faire « remarquer
très justement que la création de centimes additionnels
ne frappera que deux catégories de contribuables, les
propriétaires et les patentés, déjà fortement grevés ».
Le Conseil d'Etat croyait « *devoir en outre insister
« d'une façon particulière sur les inconvénients du ré-
« gime fiscal en Algérie qui ne fait peser les dépenses
« extraordinaires que sur les propriétaires d'immeubles*

*« bâtis et les patentés, aboutissant ainsi à une réparti-*
*« tion peu équitable des charges ».*

Comparant le produit des centimes additionnels ordinaires et extraordinaires payés par les propriétaires et
les patentés d'Alger, M. Demontès établit que ces der-
niers acquittent les impositions additionnelles suivantes
(en chiffres ronds) :

```
A la Colonie.  . . . . . . .   0,17
Au Département.  . . . . . .   0,70
A la Commune.  . . . . . . .   0,12
       Soit au total.  . . . .   0,99
```

Ces chiffres ne sont-ils pas la démonstration évidente
de notre thèse, à savoir que les patentés supportent tout
le poids des dépenses dont profite, pour la plus grande
part, la propriété rurale, qui ne paie cependant rien ?

La situation que M. Demontès a ainsi exposée est
d'ailleurs connue du Conseil général, dont plusieurs
membres ont été amenés à déclarer, à diverses reprises,
que le département d'Alger est **excédé de charges** du
fait des centimes additionnels que supporte une seule
catégorie de contribuables, alors que ces charges proviennent surtout des chemins de fer départementaux.
Et M. Demontès de dire :

« ...... Tandis que des colons millionnaires, dont les
« revenus dépassent annuellement plusieurs centaines
« de milliers de francs, ne paient que des sommes in-
« fimes pour leurs maisons de campagne, ils ne doivent
« rien pour leurs domaines ruraux, leurs revenus agri-
« coles. Et pendant ce temps, les possesseurs d'immeu-
« bles dans les villes sont surchargés. Cruelle ironie des
« choses ! ces gros propriétaires ruraux, représentants
« des circonscriptions de l'intérieur dans les Assemblées
« électives, votent de gaîté de cœur les centimes addi-
« tionnels que paieront les habitants des villes, mais
« qui ne serviront qu'aux habitants des campagnes... »

Pendant ce temps, ajouterons-nous, la Ville d'Alger
manque de ressources : elle n'a pas d'argent pour ses
travaux d'édilité, pour ses égouts, pour ses halles cen-
trales, pour son alimentation en eau.

Et tout le monde s'accorde à dire que la vie est très
chère à Alger ; les loyers sont hors de prix, le coût des
denrées va s'élevant tous les jours, et les étrangers qui
nous visitent sont surpris de constater qu'un pays en-
touré de cultures si productives et où il semblerait que

la vie doive être facile et à bon marché, soit au contraire l'un de ceux où il faut dépenser le plus d'argent.

De son côté, M. Chertier a démontré que, par suite de l'annexion de Mustapha à Alger et du décret du 28 décembre 1905 homologuant une décision des Délégations financières du 3 avril précédent, relative à l'augmentation de la contribution des patentes résultant de l'accroissement de la population de la nouvelle commune, les patentes des négociants d'Alger subissent, depuis le 1er janvier 1910, une augmentation progressive qui s'élèvera, à partir de 1915, à 25 0/0 du droit fixe. La même majoration atteindra les centimes additionnels.

****

Quels sont les arguments invoqués par les adversaires du projet d'imposition de la propriété non bâtie ? Nous les trouvons dans le compte rendu des séances tenues par la « Société des Agriculteurs d'Algérie », le 20 décembre 1910, et par le Conseil général du département d'Alger, le 22 octobre précédent. Voici les principaux :

M. Bertrand, président de la Société des Agriculteurs, a dit :

*« Beaucoup de colons sont arrivés en Algérie avec « des capitaux qu'ils ont confiés à la terre et se sont « ruinés. »*

Nous répondons :

Mais combien sont venus en Algérie, qui ont placé leur argent dans le Commerce et l'Industrie, et qui l'ont perdu !

Certains ont réussi, tout comme beaucoup de propriétaires fonciers d'ailleurs ; mais si l'on établissait une balance des fortunes acquises, en Algérie, dans le Commerce et l'Industrie ou dans l'Agriculture, on verrait que cette dernière est la source du plus grand nombre d'entre elles. Pour s'en convaincre, il n'y a d'ailleurs qu'à considérer, dans les divers journaux locaux, la liste des liquidations judiciaires et des faillites que les Tribunaux de Commerce de la Colonie sont appelés à prononcer journellement.

La vérité — il faut le reconnaître —, c'est que dans toutes les branches de l'activité humaine, il se trouve ce que l'on appelle les « vaincus de la vie ». Beaucoup ont placé leurs capitaux dans la terre, comme ils les auraient engagés dans une affaire industrielle, sans études spéciales ni connaissances, pratiques, et c'est la principale cause de leur ruine.

Ce n'est pas cet argument qui démontrera que la propriété non bâtie ne doive pas participer aux charges publiques.

*Autre objection :*

« *Par suite de l'invasion phylloxérique, il va falloir* « *remplacer les 70.000 hectares de vignes du départe-* « *ment d'Alger.* »

C'est là un événement assurément malheureux, mais prévu depuis longtemps. Les colons ont donc eu tout le temps de s'y préparer et les résultats de la campagne viticole 1910-1911 sont de nature à leur permettre de faire face aux frais de ce remplacement.

Il va de soi du reste que les terres dont les vignes auraient été détruites par le phylloxera ne paieraient plus la même taxe, puisqu'elles passeraient dans une autre catégorie, et l'on pourrait admettre qu'en cas de remplacement, elles bénéficient d'une exemption pendant une période à déterminer.

*Troisième objection :*

« *Les chemins de fer départementaux constituent un* « *des, plus grands facteurs de la prospérité d'Alger.* « *C'est à Alger que les colons viennent dépenser l'ar-* « *gent qu'ils ont gagné.* »

A ce compte, on pourrait soutenir que Paris et les villes d'eaux devraient supporter le poids de tous les impôts, puisque la province vient y dépenser son argent.

Nous ferons cependant observer que si les propriétés rurales augmentent de valeur, elles le doivent surtout aux voies de communication, et qu'il est dès lors équitable qu'elles participent aux dépenses de construction et d'entretien de ces voies. Lorsqu'un colon juge à propos de faire dans sa propriété un chemin qui en facilite l'exploitation, demande-t-il aux commerçants de participer à la dépense en résultant, sous prétexte que ce chemin facilitera les opérations du Commerce qui vient enlever ses produits ? Evidemment non ! Or, ce qui se passe chez un particulier doit être appliqué à la collectivité.

Que rapporteraient et que vaudraient d'ailleurs telles de ces propriétés si elles n'étaient pourvues de voies de communication d'un usage facile et peu coûteux ?

A cette même séance de la Société des Agriculteurs,

M. Rivaille a exposé que pour asseoir l'impôt foncier, « *il faut tout d'abord établir le cadastre, opération longue et difficile* ».

M. Rivaille n'a sans doute pas pris connaissance des travaux de la Commission spéciale de 1883. Il y aurait vu qu'il n'est nullement nécessaire que le cadastre soit établi pour fixer, comme on le proposait à cette époque, un principal fictif, qui permettrait l'imposition de centimes additionnels au profit des départements et des communes.

A son tour, M. Edmond Perriquet, membre de la même Société, a fait ressortir « *l'injustice qu'il y aurait* « *à faire payer à la propriété des taxes invariables,* « *alors que le revenu de cette propriété est très variable.* »

Mais n'en est-il pas de même pour le Commerce ? Tel commerçant qui gagne de l'argent une année, ne voit-il pas, l'année suivante, ses bénéfices fortement réduits, quand ils ne sont pas remplacés par des pertes ?

Le projet de loi élaboré en 1883 avait d'ailleurs prévu ce cas, puisqu'il stipulait que les centimes additionnels seraient votés chaque année par les départements et les communes. Il n'est pas douteux en effet que ces Assemblées, où domine l'élément des propriétaires fonciers, tiendront compte de la force imposable des contribuables dont ils sont les mandataires.

A ce propos, M. Hamot s'exprimait ainsi, en présentant au Conseil supérieur le projet de la Commission de 1883 :

. . . . . . . . . . . . . . . . . . . . . . . . . . . . . . . . . . . . . . . . . . . . . . . . . . . . .

« Les Conseils généraux et municipaux pourront réduire sensiblement la taxe, s'ils la trouvent exagérée, en diminuant le taux des centimes départementaux et communaux, et en tenant compte des conditions plus ou moins favorables dans lesquelles la propriété peut se trouver dans une commune, suivant la nature du sol, la proximité ou l'éloignement du littoral et des principales voies de communication.

« Du reste, dans le même ordre d'idées, il y a lieu de faire observer que, d'après l'article 7 du projet de loi, le contingent départemental, qui est la résultante obtenue par l'addition des forces contributives de chaque commune, est réparti par les Conseils généraux entre les communes.

« Parfaitement renseignés sur les conditions plus ou moins favorables de la propriété dans chaque commune ainsi que sur les événements heureux ou malheureux survenus d'une année à l'autre dans toute l'étendue du département, les Conseils généraux auront la faculté de diminuer la part des communes placées dans des conditions peu favorables pour accroître celle des communes favorisées : ils pourront ainsi, s'ils le jugent à propos, obvier à l'inconvénient 'que présenterait l'application rigoureuse d'un tarif unique ne tenant pas compte des circonstances qui peuvent influer dans certaines circonscriptions sur le revenu ou la valeur vénale des terres. »

Et nous voyons que le projet de loi, dans ses articles 7 et 9, § 15, tenait compte de ces considérations et proportionnait l'impôt à la force contributive des propriétaires du sol.

*
**

Toutes ces raisons qu'invoquent les adversaires de l'imposition de la propriété non bâtie pour en combattre le principe, ne sont, à vrai dire, que des arguments à côté.

Mais il en est un autre sur lequel ils s'appuient tout particulièrement — le considérant même comme péremptoire — et dont votre Commission a dû faire un examen attentif. Il s'agit de la thèse soutenue à la Société des Agriculteurs d'Algérie et au Conseil général par MM. Vérola et Broussais, et qui peut ainsi se résumer : « *Il est incontestable que le régime fiscal actuel entraîne des inégalités choquantes, mais la solution de la question doit être recherchée* dans l'impôt sur le revenu. »

Que vaut cet argument ? Les détenteurs de la propriété non bâtie ou leurs défenseurs reconnaissent que le système actuel de répartition des charges est injuste, qu'il doit être réformé — ce en quoi ils nous donnent raison et nous en prenons acte —, mais lorsqu'on leur soumet un projet permettant d'atténuer cette injustice, ils se refusent à l'adopter, en prétextant que l'égalité des charges ne peut se trouver que dans l'impôt sur le revenu.

Il importe de déclarer que nous sommes tout autant qu'eux, en principe, partisans de l'imposition du revenu, qui serait le véritable remède permettant de mettre tous les contribuables sur un pied d'égalité souhaitable, mais ne sommes-nous pas fondés à nous demander quand cette réforme fiscale sera appliquée et *comment elle le sera?* Au Sénat notamment, elle donne lieu à des discussions interminables et à des remaniements qui ne peuvent que difficilement laisser prévoir ce que sera la solution définitive et l'époque de sa mise en vigueur.

Et n'avons-nous pa vu tout récemment que la deuxième Sous-Commission sénatoriale chargée de l'examen du projet d'impôt sur le revenu adopté par la Chambre, à décidé que cet impôt n'atteindrait pas les bénéfices agricoles... ?

Faut-il donc, pour obtenir que satisfaction soit donnée à nos vœux, dont nos adversaires reconnaissent la légitimité, attendre une solution éloignée et incertaine, alors que nous avons sous la main un moyen que les Pouvoirs publics peuvent très promptement appliquer ?

*****

Votre Commission croit, Messieurs, avoir suffisamment réfuté l'argumentation spécieuse des adversaires de votre thèse qui est celle du Commerce tout entier. Et nous nous résumons :

Le Commerce est, en Algérie, surchargé d'impôts et il y aurait danger à lui demander de nouveaux sacrifices. Cependant, les charges publiques augmentent sans cesse et il faut inévitablement chercher et trouver de nouvelles ressources. Nous estimons que, seule, la propriété non bâtie, qui n'a encore jamais été imposée et dont la situation est florissante, peut les procurer et participer ainsi aux charges publiques ; à cet effet, nous préconisons la reprise du projet de loi établi en 1883 par la Commission spéciale, et l'application — avec tous les tempéraments que l'on jugera utile d'y apporter — du système qui en résulte. Dans le même ordre d'idées, la Commission a jugé que notre Compagnie pouvait se rallier à la motion que M. Picot, délégué de Constantine, a présentée à la section des non-colons des Délégations financières, dans la session de mai dernier, et qui fut rejetée — il est utile de le rappeler — par 9 voix contre 9. Cette motion est ainsi conçue :

### MOTION

*« Tendant à ce que soit établi un impôt sur la propriété non bâtie,*
*« avec principal fictif, permettant aux Communes et aux Départe-*
*« ments d'appliquer des centimes additionnels à leur profit, pour*
*« subvenir à leurs dépenses d'assistance publique et d'instruction,*
*« en exemptant la petite propriété. »*

La Commission a pensé que le texte pourrait cependant en être modifié, de façon à y comprendre les dépenses que nécessitent la construction et l'entretien des voies de communication, dont profite tout particulièrement la propriété non bâtie, et, en général, toutes les dépenses destinées à faire face à des besoins locaux.

Ainsi présentée, la réforme que nous préconisons sera

acceptée, nous en sommes convaincus, par la majorité des propriétaires fonciers de la Colonie. Nombre d'entre eux nous l'ont d'ailleurs dit ou écrit, et d'une des correspondances que la Commission a reçues et examinées, il lui a semblé intéressant d'extraire les lignes suivantes qui, sous la plume d'un propriétaire rural, sont particulièrement concluantes : « Pour équilibrer le budget, « écrivait-il, on continue d'imposer les denrées indis- « pensables à la vie ; pourquoi ne pas imposer la pro- « priété non bâtie qui l'était déjà entre les mains des « indigènes qui en ont été dépouillés ?

« Je suis donc d'avis que l'on impose la propriété non « bâtie et qu'avec ces ressources, on nous donne des « routes, des chemins de fer.....»

Nous appelons surtout l'attention sur cette phrase : *« Pourquoi ne pas imposer la propriété non bâtie qui l'était déjà entre les mains des indigènes qui en ont été dépouillés ? »*, parce qu'elle fait ressortir que les ressources de nos budgets diminuent au fur et à mesure des progrès de la colonisation, en raison de cette anomalie qui fait que des terres qui, entre les mains des indigènes, étaient assujetties à l'impôt, y échappent dès le jour où elles passent aux mains des Européens.

En somme, nous disons aux colons :

« Actuellement, lorsqu'il s'agit d'effectuer des travaux d'édilité publique, de créer ou d'entretenir vos chemins, de développer ou d'améliorer vos écoles, ou encore d'hospitaliser vos malades, on vous objecte le manque de ressources et la modicité des budgets ; n'est-il pas dès lors logique et conforme à votre intérêt que, moyennant un léger sacrifice demandé à la propriété non bâtie, le département et les communes puissent vous allouer les ressources qu'on vous refuse parce qu'elles font défaut ? »

Et nous sommes persuadés qu'il se trouvera chez eux assez d'esprits judicieux et éclairés pour admettre ce raisonnement et accepter la réforme.

*<br>**

## CONCLUSION

Pour conclure, la Commission vous propose, Messieurs, d'adopter le vœu suivant :

La Chambre de Commerce d'Alger,

Considérant que la répartition des impôts entraîne en Algérie des inégalités choquantes, et que le Commerce et l'Industrie y supportent des charges excessives, alors que la propriété non bâtie en est absolument exempte ;

Considérant que ces charges proviennent, pour la plus grande part, de dépenses qui profitent surtout à la propriété non bâtie ;

Considérant que cette situation était apparue dès 1883 et qu'à cette époque déjà elle avait donné lieu à l'élaboration de projets parfaitement étudiés et acceptés dans la Colonie, qui n'échouèrent que parce que le Gouvernement de la Métropole estima que l'on ne devait pas « soumettre la propriété non bâtie à un régime différent de celui appliqué à la propriété bâtie » ;

Considérant que loin d'avoir perdu de leur valeur, les raisons qui, en 1883, amenèrent le Conseil supérieur, appuyé par l'opinion publique, à proposer la taxation de la propriété foncière pour en affecter le produit aux départements et aux communes, en vue de leur permettre de faire face à des besoins locaux, en ont au contraire acquis une nouvelle, par suite de l'accroissement de leurs besoins et des charges qui leur incombent ;

Emet le Voeu :

Que la question de l'imposition de la propriété non bâtie soit reprise par les Pouvoirs publics, en s'inspirant des travaux de la Commission spéciale de 1883, et soumise, pour faire l'objet d'une étude approfondie et définitive, aux hautes Assemblées algériennes, dans leur plus prochaine session ;

Qu'une Commission spéciale comprenant, outre les éléments de celle de 1883, des représentants du Commerce, de l'Agriculture et de la Propriété bâtie, soit nommée le plus tôt possible et élabore un projet de loi instituant en Algérie un impôt sur la propriété non bâtie ;

Et que M. le Gouverneur Général veuille bien appuyer de sa haute autorité ce projet de loi auprès des Assemblées algériennes et du Parlement.

La Commission.

### DÉLIBÉRATION

A l'unanimité, la Chambre adopte et convertit en délibération le rapport dont elle vient d'entendre lecture.

*Le Président*
*de la Chambre de Commerce,*
Louis BILLIARD.

## ANNEXE N° 1

*DÉCISION IMPÉRIALE*

*du 2 juillet 1864*

*qui consacre le principe de l'application de la contribution foncière*
*en Algérie.*

Sire,

On a toujours signalé parmi les progrès essentiels à accomplir en Algérie celui de l'établissement de l'impôt foncier. Outre que son établissement permettrait au gouvernement de compter d'avance sur un produit à peu près invariable dans le budget des recettes de l'Algérie, elle favoriserait les progrès de l'Agriculture en poussant au défrichement des terres incultes ; de plus, elle fournirait aux provinces et aux communes le moyen de se créer, par le vote de centimes additionnels, des ressources précieuses pour l'exécution des travaux publics ; enfin, elle serait la consécration du grand principe de droit public, l'égalité de tous devant l'impôt, que votre Majesté a inscrit en tête de la constitution de l'Empire.

Le moment ne paraît pas venu cependant d'asseoir immédiatement en Algérie l'impôt direct sur les propriétés sans distinction, ainsi que cela se pratique en France. Il est équitable de laisser les colons jouir pendant quelques années encore de l'exemption des taxes foncières qui leur a été accordée jusqu'à ce jour dans le but d'encourager leurs efforts. D'autre part, la substitution de la contribution immobilière aux anciens impôts actuellement perçus dans les territoires occupés par les Arabes ne serait pas possible tant que la délimitation des tribus et la répartition des terres entre les douars et les individus ne seront pas effectuées, la propriété individuelle devant nécessairement servir d'assiette à l'impôt direct. D'ailleurs, votre Majesté a pensé que les mesures qui devraient précéder cette réforme radicale auraient pour résultat d'atténuer, dans l'esprit des populations, les heureux effets du sénatus-consulte du 22 avril 1863.

Mais il est éminemment utile de décider dès à présent : 1° que la contribution foncière sera établie à partir d'une époque et suivant les règles qui seront déterminées ultérieurement par un décret, sur toutes les propriétés immobilières privées, urbaines et rurales, qui ne sont point aujourd'hui ou qui ne seraient point à cette époque, assujetties aux impôts arabes ; 2º qu'à cet effet les matrices foncières et les autres états et rôles nécessaires seront dressés dans un bref délai ; 3º qu'on se conformera, pour ces opérations, aux lois et règlements suivis en France, sauf à faire modifier les dispositions qui ne seraient pas susceptibles d'être appliquées en Algérie, à raison de certains détails de son organisation administrative.

Les conséquences de cette décision seraient immédiatement très importantes. Ainsi les travaux très longs et très importants qui doivent être accomplis avant l'établissement de l'impôt nouveau pourraient être préparés avec tout le soin désirable. Les propriétaires européens, avertis d'avance qu'ils seront prochainement soumis à la taxe, prendraient leurs mesures en conséquence. Enfin, et ceci est le plus important, les provinces et les communes pourraient, dès l'achèvement des matrices, être autorisées à s'imposer d'après ces bases, pour subvenir à leurs travaux d'utilité publique. C'est ce que les différentes autorités de l'Algérie et notamment le Conseil général et la Chambre consultative de la province d'Alger n'ont cessé de demander.

Je n'hésite donc pas à prier votre Majesté de vouloir bien donner sa haute approbation aux mesures que j'ai l'honneur de lui soumettre d'après les propositions du Gouverneur général de l'Algérie.

*Le Maréchal de France, ministre secrétaire*
*d'Etat au département de la Guerre,*
RANDON.

*Approuvé* : NAPOLÉON.

## ANNEXE N° 2

*PROJET DE LOI*

**élaboré par la Commission spéciale de 1883
et concernant l'établissement d'une taxe foncière en Algérie.**

---

## TITRE Ier

### DISPOSITIONS GÉNÉRALES

ARTICLE PREMIER. — A partir du 1er janvier 188', il est établi, en Algérie, une taxe foncière sur les propriétés non bâties appartenant à l'Etat, aux départements, aux communes, aux établissements de bienfaisance, aux associations religieuses ou charitables et, en général, à tous propriétaires, concessionnaires et usufruitiers français, étrangers et indigènes naturalisés.

ART. 2. — Ne sont pas imposables :

1o Les terres qui, appartenant à l'Etat, aux départements, aux communes et aux établissements publics, ne seraient pas passibles de l'impôt foncier dans la Métropole ;

2o Les terres exemptées temporairement de toute contribution foncière par des dispositions législatives spéciales à l'Algérie.

ART. 3. — Les exemptions temporaires édictées par la législation française en faveur des plantations, défrichements et dessèchements ne sont pas applicables à la taxe dont il s'agit.

ART. 4. — La législation métropolitaine concernant l'imposition des forêts de l'Etat, est étendue aux forêts de l'Etat sises en Algérie et susceptibles d'une exploitation régulière.

ART. 5. — La taxe sera perçue en centimes additionnels calculés sur un principal fictif.

## TITRE II

### MODE DE FIXATION DE L'IMPÔT

ART. 6. — Le montant de la taxe en principal est déterminé chaque année par la loi de finances, sur les données fournies par l'administration des Contributions directes.

La répartition en est faite entre les départements par la dite loi.

Art. 7. — Les Conseils généraux répartissent le contingent départemental entre les communes du département.

Les éléments de cette répartition sont préparés par le Service des contributions directes, et appuyés d'états présentant les forces contributives de chacune des communes du département.

Les Conseils généraux statuent sur les demandes en réduction de contingent formées par les communes.

Art. 8. — Si un Conseil général ne se réunissait pas ou s'il se séparait sans avoir arrêté la répartition du contingent départemental, cette répartition serait faite par le Préfet, d'après la répartition de l'année précédente, sauf les modifications résultant des augmentations ou diminutions de matière imposable survenues d'une année à l'autre.

Art. 9. — La répartition du contingent communal entre les contribuables sera opérée suivant les règles ci-après :

§ I. — Un arrêté du Gouverneur général fixera la date à laquelle s'ouvrira la période de trois mois, pendant laquelle chaque contribuable sera tenu de faire à la Mairie, personnellement ou par mandataire, une déclaration indiquant :

1o La contenance des terres lui appartenant sur le territoire de la commune ;

2o La subdivision de ces terres par natures de culture.

§ II. — Cette déclaration sera valable pour cinq ans, sauf le cas de mutations résultant d'un changement de propriétaire.

§ III. — En ce qui concerne les terres appartenant à des personnes morales ou à des individus qui n'ont pas la gestion de leurs biens, les déclarations seront faites par toute personne que la loi investit de l'administration de ces biens.

§ IV. — Il sera ouvert, dans chaque mairie, un registre côté et paraphé, sur lequel les déclarations seront inscrites dans leur ordre numérique et qui sera clos par l'autorité municipale, à l'expiration de la période de trois mois déterminée pour la réception des déclarations.

§ V. — Dans chaque commune de plein exercice, mixte ou indigène, il sera institué annuellement, par le Préfet ou par le Général commandant la division, une Commission de répartiteurs.

§ VI. — Cette Commission, qui sera composée de trois membres au moins, non compris le Maire et l'Adjoint, en territoire civil, et deux officiers délégués à cet effet, en territoire militaire, appréciera les déclarations des contribuables et en contrôlera l'exactitude, en ce qui concerne les contenances et les natures de culture déclarées.

§ VII. — Elle opérera le classement de ces terres, suivant la classification ci-après :

*1re classe* : vignes, orangeries, jardins et vergers, terrains maraîchers et d'agrément, emplacements industriels.

*2e classe* : terrains irrigués, olivettes et autres terrains plantés d'arbres fruitiers, prairies, cultures industrielles permanentes.

*3e classe* : terres labourables, chemins de fer et canaux.

*4e classe* : pâtures, palmiers nains, landes et friches, terres vaines et vagues, marais, broussailles, bois et autres terrains.

§ VIII. — Elle suppléera à l'absence de déclaration, en portant d'office le non déclarant sur la liste des propriétaires, concessionnaires ou usufruitiers de la commune. Les terres de ce contribuable seront rangées d'office, pour leur superficie totale, dans la première classe, sans que ce classement, imposé à titre de pénalité, puisse être contesté par lui. Toutefois, il sera admis à rentrer dans le droit commun, pour les années qui suivront l'imposition, en faisant une déclaration régulière.

§ IX. — Quant à la contenance, le contribuable imposé d'office conservera intact son droit de réclamation ; mais il sera tenu de produire, à l'appui de sa demande en dégrèvement, soit des titres de propriété, soit un plan dressé par un géomètre assermenté.

§ X. — En ce qui touche les déclarations reconnues inexactes sous le rapport de la contenance ou de la nature de la culture, la Commission devra les rectifier.

A titre de pénalité, le contribuable fautif sera frappé d'un supplément d'imposition égal à la somme dont il aurait été abusivement exonéré par le fait de sa fausse déclaration.

Le montant de ce double droit, perçu seulement la première année de l'imposition, sera attribué au fonds de non-valeurs créé à l'article 17.

Le droit de revision conféré à la Commission par le présent paragraphe, ne pourra être exercé par elle que la première année de l'imposition.

Les contribuables ne seront admis à réclamer contre les décisions de la Commission, rectificatives des déclarations, que dans les trois mois qui suivront la publication du premier rôle.

§ XI. — Les décharges ou réductions donneront lieu à réimposition sur les rôles de la commune, pour l'année suivante. Les remises ou modérations d'impôts seront imputées sur le fonds de non-valeurs.

§ XII. — Chaque année, la Commission de répartition arrêtera le total des forces contributives de la commune.

Ce total sera obtenu par l'application du tarif suivant au nombre d'hectares de chaque classe :

1re classe. . . . . . . . . . . . fr. 6 »
2e classe. . . . . . . . . . . . . 2 »
3e classe. . . . . . . . . . . . . 1 »
4e classe. . . . . . . . . . . . . 0 15

§ XIII. — Pendant le cours de la période quinquennale, le total des forces contributives de la commune ne pourra être modifié que par suite d'augmentations ou de diminutions de matière imposable indépendantes de tous changements dans les cultures.

§ XIV. — Un arrêté du Gouverneur général déterminera, chaque année, une période de trois mois pendant laquelle les déclarations devront être faites, dans les formes indiquées ci-dessus, pour les terres qui deviendraient passibles de la taxe dans le cours de la période quinquennale.

L'absence des déclarations ou les inexactitudes constatées dans les déclarations prescrites au présent paragraphe, entraîneront l'application des pénalités précédemment stipulées.

§ XV. — La comparaison du total des forces contributives annuelles de la commune avec le contingent communal fixé par le Conseil général, servira à déterminer la proportion de rehaussement ou d'atténuation à appliquer aux bases de cotisation de chaque contribuable pour avoir le montant de son imposition en principal.

Art. 10. — Les agents des Contributions directes fourniront aux Commissions de répartition tous les renseignements dont elles auront besoin ; ils assisteront à leurs délibérations.

L'établissement des matrices et des rôles rentrera dans les attributions de ce Service.

En cas de contestation entre le Contrôleur, le Maire et les répartiteurs, il sera statué par le Gouverneur général, sur le rapport du Directeur des Contributions directes.

Art. 11. — Dans le cas où, par suite d'un empêchement quelconque, la répartition individuelle n'aurait pas été faite dans une commune par la Commission, elle serait préparée d'office par les soins des agents des Contributions directes et arrêtée par le Préfet, en territoire civil, et par le Général commandant la division, en territoire de commandement.

## TITRE III

### CENTIMES ADDITIONNELS

Art. 12. — Les taxes municipales foncières perçues actuellement en Algérie, sur les propriétés non bâties, sont supprimées à partir du 1er janvier 188... ; elles sont remplacées par des centimes additionnels à la taxe foncière qui fait l'objet de la présente loi.

Art. 13. — Les Conseils généraux sont appelés à voter annuellement des centimes additionnels départementaux, ordinaires et extraordinaires, dans les limites fixées par la loi de finances.

Ces Conseils arrêtent, en outre, le maximum des centimes extraordinaires que les Conseils municipaux seront autorisés à voter en vue des dépenses d'utilité communale.

Si les Conseils généraux se séparaient sans avoir arrêté ce maximum, celui fixé pour l'année précédente serait maintenu jusqu'à la session d'octobre de l'année suivante.

Art. 14. — Les Conseils municipaux sont autorisés à voter, dans la limite fixée par la loi et par le Conseil général, des centimes additionnels pour dépenses ordinaires et extraordinaires.

Ces Conseils peuvent, en outre, être autorisés à voter des impositions extraordinaires spéciales, dans les mêmes conditions que ceux de la Métropole.

Art. 15. — Si un Conseil municipal se séparait sans avoir voté les fonds pour dépenses obligatoires, il y serait pourvu conformément aux dispositions des lois métropolitaines.

Art. 16. — Les Conseils généraux et municipaux sont tenus de se conformer, quant à l'emploi des ressources qu'ils demandent aux centimes additionnels, à la division en recettes ordinaires et extraordinaires correspondant aux dépenses de même nature.

Ils doivent également se conformer, soit pour le vote, soit pour l'emploi des centimes additionnels, aux affectations spéciales établies par les lois budgétaires.

En cas de nécessité, il peut être dérogé à la règle ci-dessus : pour les Conseils municipaux, par un arrêté du Gouverneur général, en Conseil de Gouvernement et, pour les Conseils généraux, par un décret, en la forme de règlement d'administration publique.

Les dépenses du cadastre ou d'application de la présente loi sont obligatoires et forment un fonds spécial alimenté par les centimes départementaux ordinaires sur la contribution foncière. Ce fonds spécial se reporte d'exercice en exercice.

Art. 17. — Il sera ajouté au montant des centimes additionnels départementaux et communaux ordinaires et extraordinaires afférents à la présente taxe, dix centimes par franc pour former le fonds de non-valeurs.

Le produit de ces dix centimes est divisé, par département, en deux parts égales, dont la première est mise à la disposition du Préfet pour couvrir les remises et modérations, ainsi que les frais d'expertise tombés à la charge de l'Administration.

La deuxième moitié forme un fonds commun qui est distribué par le Gouverneur général entre les trois départements, en cas d'insuffisance des premières allocations et en proportion des besoins constatés.

Ce fonds commun, auquel viennent s'ajouter, chaque année, les excédents disponibles de la première moitié et le montant des doubles taxes prévues par la présente loi, constitue une réserve sur laquelle des secours peuvent être accordés aux propriétaires, concessionnaires, usufruitiers ou locataires atteints par les évènements calamiteux.

ART. 18. — Il sera ajouté à chaque article du rôle, cinq centimes pour frais de premier avertissement.


## TITRE IV

### CONTENTIEUX ET RECOUVREMENT

ART. 19. — La rédaction des matrices, la confection des rôles, le recouvrement de la taxe, les poursuites, les réclamations individuelles et collectives, l'établissement des états de cotes irrécouvrables sont soumis aux dispositions législatives ou réglementaires en vigueur dans la Métropole, en matière de Contributions directes.

Toutefois, les attributions dévolues en France aux agents de la perception sont provisoirement confiées au service des Contributions diverses.

ART. 20. — Le Gouverneur général détermine, par des arrêtés spéciaux, tous les détails relatifs à l'établissement de la contribution, à la confection des rôles, à leur mise en recouvrement et, enfin, aux frais de régie et d'exploitation.

www.ingramcontent.com/pod-product-compliance
Lightning Source LLC
LaVergne TN
LVHW050330030726
842520LV00005B/1861